AF253547

NOTICE

SUR

M. LE BARON TUPINIER,

Député de la Charente-Inférieure,
Conseiller d'État, Membre de l'Amirauté, Directeur des
ports et arsenaux au Ministère de la Marine,
Grand Officier de la Légion-d'Honneur, etc.

PAR

M. Ad. MAZÈRES.

PARIS,

A. LENEVEU, LIBRAIRE POUR LA MARINE

ET L'ART MILITAIRE,

Rue des Grands-Augustins, 18.

1842.

NOTICE

SUR

LES TRAVAUX ET LA CARRIÈRE

DE

M. LE BARON TUPINIER (1).

On n'écrira jamais bien l'histoire contemporaine :
les événements et les hommes, entourés des préjugés
du moment et d'opinions contradictoires, sont alors
mal connus et injustement appréciés.

L'historien contemporain, loin d'être impartial,
écrit toujours sous quelque influence contraire à la vérité ; il a un parti à servir, des intérêts à ménager, et,
plein de prévention ou de haine, on le voit, contre toute
équité, ou flatter ou médire.

Il faut aux événements comme aux fruits de la terre
la maturité convenable ; et ce n'est qu'après un cer-
tain laps de temps que l'écrivain, libre, indépendant,
peut donner à ses récits tous les caractères de la
vérité.

Par les mêmes raisons, les biographies, qui sont les
matériaux de l'histoire, seront toujours incomplètes.
Comment, en effet, juger équitablement l'homme
d'État qui est encore aux affaires, le fonctionnaire dont
la carrière n'est point accomplie, l'auteur ou l'artiste
qui n'a point encore mis le sceau à son talent ? D'ail-
leurs, quelle sera l'autorité de vos jugements sur des
faits qui n'ont point encore la notoriété publique ? Si
vous retracez de nobles actions, des services éclatants,

---

(1) Cette *Notice* a paru dans le numéro du mois d'avril de la *France
administrative*. Elle est reproduite ici avec plusieurs augmentations.

si vous exaltez un mérite supérieur, vos éloges sont suspects de flatterie ou d'un vil intérêt ; si, au contraire, vous croyez devoir signaler l'incapacité, flétrir les prévaricateurs, vous anticipez sur les sévérités de l'histoire, vous portez atteinte à l'honneur des familles, et l'on vous accuse de malignité et de vengeance.

Il y aura donc toujours ce fatal écueil pour l'histoire contemporaine, soit qu'elle veuille infliger le blâme ou décerner des louanges.

Une œuvre plus modeste, et qui a droit à l'indulgence parce qu'elle s'annonce comme un travail inachevé, c'est l'exposé succinct des services d'un administrateur qui honore son pays depuis de longues années, et dont les talents doivent encore concourir à sa gloire. Tel est l'objet de cette notice.

M. LE BARON TUPINIER (*Jean-Marguerite*), grand-officier de la Légion-d'Honneur, Député, Conseiller d'État, Directeur des ports et arsenaux, Membre du Conseil d'amirauté, est originaire d'une famille aisée de la Bourgogne. Il naquit à Cuisery, le 18 décembre 1779.

Son père, homme de mérite, avocat distingué, fut nommé Juge au Tribunal de Cassation par le département de Saône-et-Loire, lors de la création de ce tribunal (*aujourd'hui Cour de Cassation*) ; membre des différentes législatures qui se sont succédé jusqu'en 1814, il acquit une considération méritée. Les travaux législatifs et politiques ne dérobèrent rien à la vigilante attention qu'il consacrait à l'éducation de ses enfants ; et il dut s'applaudir d'avoir, contre l'usage commun alors, exercé de bonne heure la raison de son fils aîné (*Jean-Marguerite*), dont les dispositions précoces faisaient espérer de grands succès. A l'âge de quatorze ans et demi, en 1794, le jeune Marguerite Tupinier obtint du Comité de Salut Public l'autorisation de se présenter à l'examen pour la nouvelle école dont la formation venait d'être décrétée par la Convention Nationale, sous le nom d'*École centrale des Travaux publics*, et qui reçut un peu plus tard le nom d'*École Polytechnique*. Il y fut admis le 13 décembre 1794, et assista aux brillantes leçons qui, sous le titre de *Cours révolutionnaire*, signalèrent les débuts de cette belle institution. Dans ces leçons, les savants les plus célèbres de l'époque passèrent rapidement en revue l'ensemble des connaissances qu'ils étaient appelés à professer.

Malgré son extrême jeunesse (il était le plus jeune élève de l'école), M. Tupinier mit bien à profit ses deux années d'étude. J'ai entendu dire par plusieurs de ses anciens condisciples qu'il résumait si bien les cours auxquels ils assistaient, que souvent on lui empruntait ses cahiers, remarquables de clarté et de précision.

Une grande facilité de travail, une rectitude de jugement peu commune à son âge, le mirent en mesure de subir de bons examens. En 1796, il sortit de l'École Polytechnique pour entrer à l'École spéciale des ingénieurs de vaisseau, établie à Paris sous la direction du célèbre Borda.

M. Tupinier entrait alors dans le monde sous les plus favorables auspices : il venait de terminer avec distinction de fortes études, et la réputation de bon élève est déjà un élément de succès dans toute carrière.

Élève admis dans les ports le 16 mars 1799, sous-ingénieur de 3e classe le 1er octobre de la même année, il passe l'année suivante à la 2e classe.

Son zèle, son travail et son instruction le rendent déjà l'objet d'une distinction flatteuse. Il est désigné, le 10 mai 1801, par M. Joseph de Caffarelli, préfet maritime de Brest, pour faire partie d'un Institut naval qu'il s'agissait de créer en ce port.

Le 10 juillet suivant, il est promu au grade de sous-ingénieur de 1re classe ; ce grade correspondait à celui de lieutenant de vaisseau ou de capitaine du génie.

Cette même année (15 septembre 1801), il passa à Toulon, où il fut embarqué sur le vaisseau *l'Indivisible* portant le pavillon de l'amiral Gantheaume. Cet officier général commandait une escadre qui, d'abord destinée pour l'Égypte, fut envoyée à Saint-Domingue aussitôt après la signature des préliminaires de la paix d'Amiens. M. Tupinier fit la campagne de Saint-Domingue comme ingénieur de l'escadre, et revint débarquer à Brest en 1802.

En 1803, après la rupture du traité d'Amiens, le premier consul ordonna la création d'une immense flottille qu'il avait dessein de lancer sur l'Angleterre. M. Tupinier fut nommé membre de l'une des commissions d'armement de cette flottille, et spécialement chargé d'en diriger les constructions dans tout l'arrondissement de Brest, depuis Concarneau jusqu'à Granville. Il passa ensuite à Boulogne pour y suivre les mêmes opérations, et fut attaché à la flottille comme ingénieur de la division du Centre, jusqu'au 21 décembre 1804.

En 1805, après le départ de l'armée de Boulogne pour la campagne d'Austerlitz, M. Tupinier fut envoyé à Gênes, où il contribua à sauver le vaisseau *le Génois*, qui avait été fortement endommagé à sa mise à l'eau.

En 1807, il fut chargé de la direction des constructions navales qui s'exécutaient à Venise pour le compte de la France.

Dans le cours de cette mission, qui dura six ans et demi, M. Tupinier, par son habileté dans l'art des constructions navales, se plaça au premier rang parmi les ingénieurs de la marine. Ses talents furent d'autant plus utiles à la France, qu'ils purent se déployer librement, sans éprouver jamais aucune entrave de la part de l'administration italienne, avec laquelle, grâce à son esprit de sagesse et de modération, il eut toujours les rapports les plus convenables.

Le vice-roi d'Italie, Eugène Beauharnais, l'honorait d'une estime et d'une bienveillance particulières. A diverses reprises il le recommanda à l'Empereur et à son ministre M. le duc Decrès ; et lorsqu'en 1813 il fut question de nommer Eugène roi d'Italie, ce prince annonça hautement l'intention de s'attacher M. Tupinier comme son ingénieur général. Ce projet, ainsi que tant d'autres, fut renversé par les événements de 1814.

Les travaux exécutés à Venise avaient fixé l'attention de l'Empereur.

En 1812, le vaisseau *le Rivoli*, de 74 canons, dont M. Tupinier avait dirigé la construction, dut partir tout armé pour se rendre à Ancône et à Corfou ; mais ce vaisseau tirait 22 pieds d'eau, et dans les circonstances les plus favorables, il n'y en avait pas plus de 15 dans la passe de Malamocco, par où il devait sortir.

Aidé d'un excellent mémoire sur les chameaux hollandais, rédigé par M. Boucher (aujourd'hui inspecteur général du génie maritime), M. Tupinier tenta de faire avec un vaisseau complétement armé ce qu'en Hollande on n'appliquait qu'à des vaisseaux lèges à peine sortis des chantiers. Cette opération eut un plein succès. *Le Rivoli*, réduit au tirant d'eau de 14 pieds, franchit la passe de Malamocco et peu d'heures après il était en mesure de faire route et de combattre (1).

L'Empereur apprit la sortie du vaisseau et en même temps le résultat funeste du très beau combat qu'il avait soutenu contre un vaisseau anglais de 80 canons. Il voulut cependant récompenser l'ingénieur qui était parvenu à vaincre des difficultés que la plupart des marins avaient déclarées insurmontables, et, sur la proposition de M. le duc Decrès, M. Tupinier fut élevé au grade d'ingénieur de 2ᵉ classe, assimilé à celui de capitaine de frégate, et la décoration de l'ordre de la Réunion lui fut conférée.

Plus tard, le prince Eugène obtint pour lui celle de la Couronne de Fer ; mais le décret, rendu dans les derniers jours de la campagne de 1814, n'est point parvenu à la Chancellerie de l'ordre.

____

(1) On voit au Louvre, au Musée naval, *le Rivoli* porté sur des chameaux.

Revenu à Paris sur la fin de 1813, M. Tupinier s'y trouvait à la rentrée des Bourbons.

M. Jurien, chef de la direction des ports, et qui a laissé dans la marine les plus honorables souvenirs, obtint de M. le baron Malouet d'attacher M. Tupinier à sa direction comme chef du bureau des martelages des bois ; mais à la seconde Restauration, M. le vicomte Dubouchage se hâta de lui donner la direction forestière d'Angoulême. Cette mission, qui éloignait M. Tupinier de l'administration centrale, fut alors considérée comme une disgrâce ; et l'on en donnait pour cause son acceptation de la place de chef de division pendant les Cent-Jours, et surtout la participation que son père avait eue, comme Membre de la Chambre des Représentants, aux événements politiques de cette époque.

En 1817, M. le Maréchal Gouvion Saint-Cyr prit le portefeuille de la Marine. Il réorganisa l'administration centrale, et pour le choix du personnel il s'en remit à la haute sagesse de M. le vicomte Jurien, qui conservait dans ce remaniement la direction des ports et arsenaux.

M. Jurien, dont la santé était chancelante, désirait s'attacher un collaborateur actif et dévoué, sur lequel il pût se reposer en toute assurance. Ayant depuis long-temps jeté les yeux sur M. Tupinier, avec le dessein arrêté d'en faire un jour son successeur, il le fit nommer chef de division dans la direction des ports.

L'estime de cet administrateur, aussi distingué par sa haute capacité que par son noble caractère, est assurément, pour M. Tupinier, le témoignage le plus flatteur, et ajoute une grande autorité à l'appréciation de ses services.

Depuis le 8 juillet, date de sa rentrée dans l'administration de la Marine, M. Tupinier a dû exercer sa capacité dans une nouvelle sphère ; mais l'intelligence aidée du savoir s'applique à tout : si M. Tupinier n'avait eu qu'un mérite spécial, il aurait pu être un ingénieur

très habile, et cependant manquer des lumières nécessaires à l'administrateur.

Dans le corps du génie maritime, il a passé succes-
sivement par tous les grades; il reçut, en 1828, celui
d'inspecteur général honoraire.

Il avait été nommé chevalier de Saint-Louis en 1817.

En 1822, sous le ministère de M. Clermont-Ton-
nerre, ministre de la Marine, il rédigea un mémoire
sur les dimensions des vaisseaux et des frégates dans la
marine royale. Ce mémoire, imprimé et soumis à l'examen des officiers de la marine, ainsi qu'au jugement de
plusieurs commissions supérieures, servit de base à la
décision royale du 10 mars 1824 qui changea complétement les éléments de notre force navale. C'est de
cette époque qu'elle reçut un développement qui la
met en état de rivaliser aujourd'hui avec celle de l'Angleterre et des États-Unis.

Nous avons vu récemment l'amirauté anglaise décla-
rer officiellement la supériorité de notre matériel naval.

Ce résultat, dont la portée est immense pour notre
marine, fait le plus grand honneur à M. Tupinier (1).

Le 24 décembre 1823, M. Jurien résigna ses fonctions de Directeur des ports pour ne conserver que celles
de Conseiller d'Etat et de Membre de l'Amirauté. Sur sa
proposition, M. Tupinier fut nommé Directeur des ports
et arsenaux. Dès lors ce fonctionnaire prend l'initiative
de toutes les grandes mesures qui dépendent du département de la Marine; il propose toutes les expéditions
qu'il juge nécessaires; il encourage et appuie de son
crédit les voyages de circumnavigation qui intéressent
la science et la marine.

M. Tupinier fut nommé Maître des requêtes le 26 août
1824, Conseiller d'État le 30 décembre 1827; et sous
le ministère Martignac, à la demande de M. le baron
Hyde de Neuville, Ministre de la Marine, le titre de

____

(1) Voir la note A.

baron lui fut conféré comme récompense de ses services.

Vers la fin de 1829, le Gouvernement ayant résolu, sur la proposition de M. Tupinier, d'envoyer un agent près du vice-roi d'Égypte pour négocier la cession des deux obélisques de Luxor, M. le baron Taylor, si distingué par ses talents et son goût éclairé pour les arts, reçut du Roi cette mission le 6 janvier 1830, et la fit réussir malgré les difficultés que lui suscita le consul anglais. Mais il s'agissait d'arrêter un plan d'opération pour le transport à Paris de l'un de ces monolithes.

Dans ce but on proposa plusieurs projets dont les inconvénients n'échappèrent pas à l'examen de M. Tupinier.

Il démontra de la manière la plus évidente là possibilité de charger cette pesante masse sur un navire construit de manière à pouvoir naviguer sur la mer, remonter le Nil jusqu'à Thèbes, et passer sous les arches des ponts de la Seine. Sur cette donnée, l'inspecteur général du génie maritime composa le plan du Luxor. M. Tupinier rédigea sur les mêmes bases les instructions de M. Lebas, ingénieur de la marine, qui fut chargé d'abattre, d'embarquer et d'ériger l'obélisque sur la place de la Concorde. Ces différentes opérations réussirent complétement.

Dans le cours de cette année eut lieu l'expédition contre Alger. Entreprise d'abord dans le but d'obtenir réparation de l'insulte faite au pavillon français, elle eut, à l'honneur de la France, deux grands résultats : la destruction des pirates et la conquête de l'Algérie.

La marine française, commandée par M. l'amiral Duperré, devait avoir un rôle important dans cette expédition. Effectuer le transport et le débarquement de l'armée de terre, la seconder en foudroyant les forts : tel était l'appui qu'on espérait de la flotte, si toutefois elle était promptement mise en mesure d'accomplir cette double tâche. La plus grande activité était, en raison de la saison, la condition rigoureuse du succès. Une immense responsabilité pesait alors sur le Directeur des ports, qui avait l'initiative de tous les ordres à donner pour la prompte réunion des bâtiments.

M. Tupinier avait fait partie de la commission chargée, sous la présidence du général Loverdo, de préparer le plan des opérations; il devait en assurer les moyens d'exécution. Pour juger de la célérité et de la bonne entente dans les dispositions émanées de sa direction, il suffit de rappeler que les premiers ordres donnés à ce sujet au ministère de la Marine datent du mois de février 1830, et que le 1er mai suivant il y avait en rade de Toulon 11 vaisseaux de ligne, 25 frégates, 36 autres bâtiments de guerre, 28 bâtiments de charge, 358 navires de transport et 7 bâtiments à vapeur prêts à porter en Afrique une armée de 38,000 hommes et un immense matériel de campagne.

Au moment où nos armes triomphaient en Algérie, une révolution éclatait en France et renversait le gouvernement de la Restauration.

Le duc d'Orléans, proclamé Régent du royaume, chargea, par ordonnance du 2 août 1830, M. Tupinier de l'administration provisoire de la Marine.

Remplacé bientôt après par M. le général Sébastiani, il est appelé à l'Amirauté et autorisé à participer aux délibérations du Conseil d'État.

Vers la fin de 1833, l'arrondissement de Quimperlé nomma Député M. Tupinier, et ce mandat lui fut renouvelé aux élections de 1834.

En 1837, élu en même temps par les deux colléges de Quimperlé et de Rochefort, M. Tupinier opta pour le dernier, en raison de sa position au ministère, au moment surtout où la marine prenait un grand essor.

Dans les commissions de la Chambre, ses collègues ont justement apprécié la science pratique et les lumières qu'il répand sur toutes les questions soumises à leur examen; mais, plus jaloux d'être utile que de

briller , il ne monte à la tribune que pour les questions qui intéressent la marine.

La même année 1837 , M. Tupinier reçut la mission
de visiter tous les ports militaires depuis Dunkerque
jusqu'à Toulon, et tous les établissements que la marine
royale possède dans l'intérieur de la France. Cette in-
spection a été le sujet d'un ouvrage qui a pour titre :
Rapport sur le matériel de la marine.

Cet écrit remarquable, publié par ordre du Ministre,
a été distribué aux Chambres et à la plupart des officiers de la Marine, qui en ont loué l'exactitude, les
vues neuves et l'ordre parfait dans lequel l'auteur a
présenté les éléments matériels de la puissance maritime de la France.

En 1839, une puissante coalition avait renversé le
ministère. Dans cet orage , disparut instantanément
l'ambition du pouvoir. On voyait, contre l'ordinaire,
peu d'empressement pour saisir alors les rênes du
gouvernement, et le temps s'écoulait sans qu'on pût
former un nouveau cabinet. Il fallait une grande ab-
négation personnelle, un entier dévouement au Roi et
au pays pour prendre, en pareille conjoncture, la
rude tâche des affaires. Les ministres du 1er avril don-
nèrent ce généreux exemple ; ils acceptèrent le pouvoir
à la condition expresse de le déposer aussitôt qu'on
serait parvenu à réunir leurs successeurs.

Alors M. le baron Tupinier fut ministre de la Marine.

Son ministère a trop peu duré pour qu'il ait pu
produire de grands résultats. Cependant le ministre
temporaire a usé avec empressement du pouvoir pour
améliorer la position des ouvriers de la Marine, en faveur desquels il réclamait en vain depuis long-temps.
Dans ce but , il soumit à la sanction royale l'ordonnance du 3 mai 1839, qui élève leur salaire, règle leur
position et leur avancement.

Le 8 avril 1839, la Société de géographie lui a déféré
sa présidence ; sans doute elle a voulu donner un té-

moignage de gratitude et de haute estime à l'administrateur éclairé dont la protection n'a pas peu contribué
à enrichir la science qui fait l'objet de ses études.

Le 13 mai 1839, M. Tupinier remit le portefeuille
de la Marine à M. l'amiral Duperré, et reprit son an-
cienne position de Directeur des ports.

Le 26 décembre suivant, sur la proposition de
M. le maréchal Soult, président du Conseil des ministres, le roi le nomme président d'une Commission
chargée d'examiner les questions relatives au projet
d'établir entre la France et l'Amérique de grandes lignes de correspondance au moyen de bâtiments à vapeur.

Les travaux de cette Commission se sont prolongés
pendant plus de six mois; ils ont eu pour objet de
préparer les éléments qui ont servi de base à la loi sur
la navigation transatlantique, votée le 16 juillet 1840.

Le 18 mai de la même année, M. Tupinier a été
élevé au grade de grand-officier de la Légion-d'Honneur. C'est la seule faveur qu'il ait obtenue depuis qu'il
est membre de la Chambre des députés.

Certes, si l'on considère les nombreux services qu'il
a rendus à son pays, ses belles constructions navales,
ses travaux administratifs, au nombre desquels il faut
compter les préparatifs maritimes pour les expéditions
de Morée, de Navarin, d'Alger, du blocus des ports de
la Hollande, du Mexique, l'établissement des grandes
lignes transatlantiques; enfin le poste de ministre qu'il
a deux fois occupé dans des circonstances difficiles, on
ne jugera pas qu'il ait été trop récompensé.

Les forces d'une jeunesse vigoureuse, secondées de
l'expérience consommée des affaires, produisent ra-
rement tant de travaux, et l'on se demande quels loi-
sirs ou plutôt quelles veilles peuvent rester à M. Tupinier pour la rédaction des écrits qu'il fait paraître.

Il vient de publier, sous le titre de *Considérations sur
la Marine et sur son budget*, un ouvrage dans lequel il

présente la comparaison du budget de 1822 avec celui de 1841; il établit ensuite un budget systématique
qui prouve que la Marine aurait indispensablement
besoin d'une dotation annuelle de 100 millions au
moins.

Ce n'est pas ici le lieu d'analyser un livre de cette
importance. Les *Annales Maritimes* en offrent dans le
numéro du mois d'avril une juste appréciation, et, à
l'appui de leurs éloges, elles citent une opinion d'une
grande autorité, celle de M. l'amiral baron Roussin (1).

Trop de fonctions peut-être sont réunies sur la tête
d'un seul homme : non qu'elles ne soient toutes rem-
plies avec talent et un soin très scrupuleux; mais
l'homme le plus heureusement organisé use ses forces
physiques dans l'exercice immodéré de ses facultés in-
tellectuelles, et, constamment aux prises avec le tor-
rent des affaires, il n'en triomphe qu'aux dépens de
sa santé. On regrette alors qu'il n'ait pas contenu
dans des bornes plus restreintes cette admirable puissance de travail.

Au reste, une exactitude rigoureuse, un grand
amour de l'ordre et de la règle, président à toutes ses
occupations; quoique nombreuses, aucune ne l'a jamais trouvé en défaut.

Esprit essentiellement juste et positif, il est en garde
contre les systèmes aventureux, et pourtant il est pro-
gressif. Son style est clair, simple et précis.

Dans les affaires qu'il traite lui-même et qui ont
rapport à la politique et à la diplomatie, ses dépêches
ont un ton de noblesse et de dignité, ainsi qu'il con-
vient à un ministre d'un grand État.

Tacite dit en parlant d'Agricola : « Louer l'intégrité
et le désintéressement d'un tel homme serait lui faire
injure.» (*Integritatem atque abstinentiam in tanto viro re-
ferre injuria virtutum fuerit.*) On peut le dire également

(1) Voir la note B.

de M. Tupinier : après avoir rempli pendant de longues années les plus hautes fonctions, la fortune n'a point augmenté son patrimoine.

Tel est l'exposé d'une carrière dont **tous** les actes peuvent soutenir les regards de l'envie.

On désirerait sans doute connaître les qualités intimes, le caractère et la vie privée d'un homme dont les travaux ont jeté tant d'éclat sur l'administration de la marine : mais la bienséance me fait un devoir de restreindre cette notice, et de m'en tenir, quant au développement moral, à ce que les faits ont implicitement révélé : ils suffisent à sa louange ; et l'on peut dire dès à présent, sans crainte d'être démenti, que M. le baron Tupinier ayant consacré à la marine quarante-cinq années marquées par d'éminents services, s'est acquis des titres impérissables à la reconnaissance de son pays.

NOTE A.

Il n'est donné qu'à des hommes doués d'une haute capacité de faire progresser la science d'un pas rapide, en ouvrant un champ plus vaste à de nouvelles combinaisons.

Tel a été le résultat des travaux de M. Tupinier. Une seule expérience a suffi à cet ingénieur pour en déduire des conséquences décisives qui font époque dans une science.

En 1822, un essai avait eu lieu dans la Méditerranée : c'était la transformation du vaisseau de 74, *le Romulus*, en une frégate de 58 bouches à feu, *la Guerrière*. L'expérience avait prouvé la supériorité des qualités nautiques du bâtiment rasé sur celles du vaisseau primitif. Un homme ordinaire en eût simplement conclu que c'était là un bon expédient pour tirer parti d'une vieille carcasse; et cependant on venait de toucher du doigt à une importante amélioration.

M. Tupinier, selon sa coutume et avec sa pénétration ordinaire, y vit l'occasion des plus sérieuses études. Dans les sciences d'observation, se demander à propos *pourquoi* est un éclair de génie. C'est ce que fit cet ingénieur; il rechercha les causes qui donnaient à *la Guerrière* des qualités remarquables sous tous les rapports. Il en déduisit qu'à parité de conditions, un bâtiment dans lequel les mêmes rapports se rencontreraient entre les dimensions principales de la carène, son immersion totale, son déplacement et la surface des voiles, aurait les mêmes probabilités de succès.

Il appliqua la même conclusion à un autre rang de bâtiment. Il fit voir que si l'on avait fait à un vaisseau de 118 canons la même opération qu'au *Romulus*, il en serait résulté un vaisseau à deux ponts dont les qualités auraient le même degré de supériorité qui distingue *la Guerrière*.

Second résultat non moins clair, non moins prouvé que le premier pour quiconque se donne la peine d'étudier les considérations qui l'appuient.

Cette discussion approfondie lui fournit des arguments de plus en plus forts sur la nécessité de modifier nos constructions, d'augmenter le volume et la force de nos bâtiments; et poursuivant ses recherches, il fut amené à proposer deux

nouveaux rangs de frégates et de vaisseaux à deux ponts.
Il en détermina les dimensions principales, la composition
de l'artillerie, la profondeur de la carène et la hauteur de
batterie.

Il démontra que ces nouveaux modèles, construits sur une
plus grande échelle, devaient avoir, à égalité de perfection
de détails dans les plans, des qualités nautiques supérieures
à celles des bâtiments primitifs de même espèce. Et ils por-
taient un plus grand nombre de bouches à feu et d'un plus
fort calibre; ils pouvaient faire usage de leurs canons dans
des circonstances où la frégate de 18 et le vaisseau de 74
sont forcés de fermer les sabords de la batterie basse; enfin
leurs vastes capacités permettaient d'y embarquer dix mois
de vivres, quatre mois d'eau, et des rechanges pour un an,
ce qui est une des conditions les plus essentielles dans le cas
d'une guerre avec une puissance rivale.

Tels étaient les immenses avantages qui devaient résulter
de l'adoption du plan proposé par M. Tupinier.

Que pouvait-on objecter à la manière rigoureuse dont il
avait procédé pour arriver à ces conséquences décisives, à
une explication où tout est si rationnel, si évident; où l'on
trouve tous les éléments des calculs, des chiffres déduits
d'expériences positives qu'il n'est pas plus possible de con-
tester que les phénomènes physiques les mieux constatés?

Des bâtiments sont construits d'après ces données; ils con-
firment toutes les prévisions de l'ingénieur : voilà des points
définitivement fixés et qui ont créé une ère nouvelle dans
l'architecture navale.

(Extrait d'un ouvrage inédit de M. Lebas sur l'architecture navale.)

NOTE B.

(Opinion de M. l'Amiral Baron Roussin.)

« Les *Considérations sur la marine et sur son budget* sont de
tout point, pour la forme comme pour le fond, un travail
d'une haute portée et d'une incontestable utilité; la publica-
tion de cet ouvrage rendra un véritable service à la marine
et par conséquent au pays. Il mettra en évidence ces quatre
vérités qui ne sauraient devenir trop populaires en France :

» 1° Que le budget de 1822, établi sur des bases très exactes
à l'époque où il parut (et précisément parce qu'il était exact
alors), ne satisferait plus aux nécessités du présent, et

qu'ainsi c'est à tort qu'on prétendrait le prendre pour règle du budget de la marine aujourd'hui ;

» 2° Que le budget de 1842 se justifiait complétement par les besoins réels auxquels il a fallu pourvoir ;

» 3° Que ce serait au chiffre de 100 millions qu'il faudrait atteindre aujourd'hui, comme limite la plus basse du budget naval systématique, à l'état de paix ;

» 4° Enfin que, si l'on veut maintenir notre marine au rang qui lui a été assigné en 1822, il faut, après lui avoir accordé, dans un état de choses ordinaire, un crédit annuel de 100 millions, porter ce crédit jusqu'à 117 millions, dès que les circonstances exigeront du pays les efforts réclamés par ses intérêts et sa dignité.

» Ces quatre points me semblent établis d'une manière victorieuse dans le livre de M. le baron Tupinier : les trois premiers tirent leurs preuves et leur justification du tableau des événements et des faits accomplis ; on ne peut récuser les conséquences que l'auteur en tire. Le dernier point offre un système fondé sur une expérience de vingt années et appuyé sur les probabilités logiques de l'avenir ; il n'est pas possible de ne pas s'y associer.

» Il faudrait, pour examiner plus complétement ce travail et suivre les explications et démonstrations dans lesquelles l'auteur est entré, beaucoup plus de temps que je n'ai pu en mettre à une première lecture. Mais, dès à présent, il s'offre à mon esprit et à mon jugement avec une méthode, une clarté, une hauteur de vue et une connaissance pratique de la marine, qui ont entraîné ma conviction ; je crois que le public le partagera complétement.

» Il faut donc remercier M. Tupinier d'avoir fait cet écrit remarquable, et le féliciter d'en être l'auteur. C'est, je le répète, un véritable service qu'il a rendu à la marine et à notre pays. »

PARIS. IMPRIMERIE DE BOURGOGNE ET MARTINET, RUE JACOB, 30.

MAGASIN DE LIVRES

SUR L'ART MILITAIRE,

LA MARINE, LES MATHÉMATIQUES, LA PHYSIQUE, LA CHIMIE, LA MINÉRALOGIE,

LES MINES ET LES PONTS ET CHAUSSÉES.

LIBRAIRIE D'AUGUSTE LENEVEU,

Rue des Grands-Augustins, 18, à Paris.

Il existe dans mes magasins 100,000 volumes d'ouvrages sur les sciences et sur les arts, et je me charge de procurer aux conditions les plus avantageuses tous ceux que l'on voudra bien me demander.

Ouvrages de M. le baron Tupinier :

Observations sur les dimensions des vaisseaux et des frégates dans la marine française. 1 volume in-8°.

Rapport sur le matériel de la marine. 1 volume in-8°. Imprimerie royale. 1836. 460 pages.

Considérations sur la marine et son budget. 1 volume in-8". Imprimerie royale. 1841. 470 pages.

Examen des questions relatives au contrôle dans le département de la marine. In-8°. 1842.

Imprimerie de Bourgogne et Martinet, rue Jacob, 30.